# BEI GRIN MACHT SICH IHR WISSEN BEZAHLT

- Wir veröffentlichen Ihre Hausarbeit,
  Bachelor- und Masterarbeit

- Ihr eigenes eBook und Buch -
  weltweit in allen wichtigen Shops

- Verdienen Sie an jedem Verkauf

## Jetzt bei www.GRIN.com hochladen und kostenlos publizieren

GRIN

**Bibliografische Information der Deutschen Nationalbibliothek:**

Die Deutsche Bibliothek verzeichnet diese Publikation in der Deutschen National-bibliografie; detaillierte bibliografische Daten sind im Internet über http://dnb.d-nb.de/ abrufbar.

**Impressum:**

Copyright © 2013 GRIN Verlag, Open Publishing GmbH
Druck und Bindung: Books on Demand GmbH, Norderstedt Germany
ISBN: 978-3-668-02258-4

**Dieses Buch bei GRIN:**

http://www.grin.com/de/e-book/303941/nachhaltigkeitsaspekte-von-compliance-anforderungen

Stephan Kühnel

**Aus der Reihe: e-fellows.net stipendiaten-wissen**

e-fellows.net (Hrsg.)

Band 1542

# Nachhaltigkeitsaspekte von Compliance-Anforderungen

## Die Verordnung über die Überlassung, Rücknahme und umweltverträgliche Entsorgung von Altfahrzeugen

GRIN Verlag

**GRIN - Your knowledge has value**

Der GRIN Verlag publiziert seit 1998 wissenschaftliche Arbeiten von Studenten, Hochschullehrern und anderen Akademikern als eBook und gedrucktes Buch. Die Verlagswebsite www.grin.com ist die ideale Plattform zur Veröffentlichung von Hausarbeiten, Abschlussarbeiten, wissenschaftlichen Aufsätzen, Dissertationen und Fachbüchern.

**Besuchen Sie uns im Internet:**

http://www.grin.com/

http://www.facebook.com/grincom

http://www.twitter.com/grin_com

Nachhaltigkeitsaspekte von Compliance-Anforderungen

aus der Verordnung über die Überlassung, Rücknahme und umweltverträglichen

Entsorgung von Altfahrzeugen

(Altfahrzeug-Verordnung (AltfahrzeugV))


- Eine theoretische Analyse -


Seminararbeit im Rahmen der Veranstaltung „Nachhaltigkeitsmanagement IV"

zum Oberthema „Nachhaltigkeits- und Energiemanagement - Rechtliche Regelungen und

Rahmenorientierungen"


eingereicht am

06. Mai 2013

bei

Lehrstuhl für Betriebswirtschaftslehre,

insbesondere Betriebliches Umweltmanagement

Juristische und Wirtschaftswissenschaftliche Fakultät

Wirtschaftswissenschaftlicher Bereich

Martin-Luther-Universität Halle-Wittenberg


von

**Stephan Kühnel, M.Sc.**

# Inhaltsverzeichnis

Abkürzungsverzeichnis ........................................................................................... 3

Symbolverzeichnis .................................................................................................. 4

Abbildungs- und Tabellenverzeichnis ..................................................................... 4

Anlagenverzeichnis ................................................................................................. 4

1 Einleitung .............................................................................................................. 5

2 Grundlagen der AltfahrzeugV ............................................................................... 6

    2.1 Einordnung in die Systematik der Umweltpolitik ............................................ 6

    2.2 Historische Entwicklung ................................................................................. 6

3 Compliance-Anforderungen der AltfahrzeugV ...................................................... 8

    3.1 Anwendungsbereich ....................................................................................... 8

    3.2 Rücknahme- und Überlassungspflichten ......................................................... 8

    3.3 Entsorgungspflichten und Abfallvermeidung ................................................ 10

    3.4 Mitteilungs-, Kennzeichnungs- und Informationspflichten ........................... 11

4 Kritische Reflexion im Fokus der Nachhaltigkeit ............................................... 12

    4.1 Beitrag zur Nachhaltigkeit ........................................................................... 12

    4.2 Relevante Problemfelder ............................................................................... 14

5 Schlussbetrachtung .............................................................................................. 17

Anlagen ................................................................................................................. 18

Literaturverzeichnis .............................................................................................. 21

# Abkürzungsverzeichnis

| | |
|---|---|
| AbfG | Abfallgesetz |
| Abs. | Absatz |
| AltautoV | Altautoverordnung |
| AltfahrzeugV | Altfahrzeugverordnung |
| ARGE | Arbeitsgemeinschaft |
| Art. | Artikel |
| BMU | Bundesministerium für Umwelt, Naturschutz und Reaktorsicherheit |
| Continental AG | Continental Aktiengesellschaft |
| GESA | Gemeinsame Stelle Altfahrzeuge |
| ICCT | International Council for Clean Transportation |
| KBA | Kraftfahrt-Bundesamt |
| KrWG | Kreislaufwirtschaftsgesetz |
| KrW-/AbfG | Kreislaufwirtschafts- und Abfallgesetz |
| min. | mindestens |
| o.A. | ohne Angabe |
| PE International GmbH | PE International Gesellschaft mit beschränkter Haftung |
| Pkw | Personenkraftwagen |
| Richtlinie 2000/53/EG | Richtlinie 2000/53/EG des Europäischen Parlamentes und des Rates über Altfahrzeuge |
| Richtlinie 2002/24/EG | Richtlinie 2002/24/EG des europäischen Parlamentes und des Rates über die Typgenehmigung für zweirädrige oder dreirädrige Kraftfahrzeuge und zur Aufhebung der Richtlinie 92/61/EWG des Rates |
| SGL Carbon SE | SGL Carbon Societas Europaea |
| UBA | Umweltbundesamt |
| u.a. | und andere |
| VDA | Verband der Automobilindustrie |

# Symbolverzeichnis

$AM_{0,80}$ ................Anteilige Masse bei Quote 80%

$AM_{0,85}$ ................Anteilige Masse bei Quote 85%

$AM_{0,95}$ ................Anteilige Masse bei Quote 95%

M ........................Durchschnittliches Fahrzeuggewicht

$Q_{0,80}$ ....................Quote 80%

$Q_{0,85}$ ....................Quote 85%

$Q_{0,95}$ ....................Quote 95%

# Abbildungs- und Tabellenverzeichnis

Tabelle 1:          Zielvorgaben gemäß §5 AltfahrzeugV und Anwendung am
                    Beispiel

Abbildung 1:        Pkw Exporte aus Deutschland von 2002 bis 2012

# Anlagenverzeichnis

Anlage 1:       Berechnungen für „Tabelle 1: Zielvorgaben gemäß §5 AltfahrzeugV
                und Anwendung am Beispiel"

Anlage 2:       Compliance-Anforderungen aus der AltfahrzeugV

Anlage 3:       Exporte von Personenkraftwagen (1957-2012)

# 1 Einleitung

Aus der modernen Gesellschaft ist das Automobil nicht mehr wegzudenken, insbesondere seit der zunehmenden Bedeutung der Mobilität für die Wirtschaft.[1] Deutschland verfügt unter den Industriestaaten über eine besonders hohe Anzahl von Fahrzeugen, weshalb in der Literatur häufig eine Charakterisierung als „Autonation" zu finden ist.[2] Das Bestandsbarometer des *Kraftfahrt-Bundesamtes* vom 1. Januar 2013 bescheinigt den exorbitanten Bestand von rund 43,4 Millionen Personenkraftwagen bundesweit.[3] Dass die Nutzung einer solch großen Anzahl von Fahrzeugen zu erheblichen Emissionen führt, ist allgemein bekannt.[4] Darüber hinaus besteht jedoch auch die Problematik der umweltfreundlichen Entsorgung, die zunehmend in den Fokus rückt.[5] Denn Fahrzeuge haben nur eine begrenzte Nutzungsdauer von durchschnittlich 12 Jahren, nach der sie in der Regel stillgelegt werden.[6] Im Ergebnis entstehen durch die hohe Anzahl an Außerbetriebsetzungen jährlich horrende Mengen an Fahrzeug-Abfällen.[7] Daraus erwachsen ökologische Probleme, die es zu verhindern gilt.[8] Seit 2002 gelten in Deutschland deshalb die Vorgaben[9] der Altfahrzeugverordnung (AltfahrzeugV).[10]

Die nachfolgende Arbeit hat zum Ziel, aufbauend auf einer Darstellung der wesentlichen Compliance-Anforderungen der AltfahrzeugV, deren Bedeutung für das Nachhaltigkeitsmanagement herauszustellen und kritisch zu reflektieren.

Dafür erfolgt in Kapitel 2 zunächst eine Einordnung in das umweltpolitische Instrumentarium sowie eine Darstellung der historischen Entwicklung. Im Anschluss werden die wesentlichen Compliance-Anforderungen der AltfahrzeugV in Kapitel 3 zunächst kontextunabhängig präsentiert. Das vierte Kapitel beinhaltet eine kritische Reflexion der Verordnung im Fokus der Nachhaltigkeit. Dafür werden im ersten Schritt die positiven Beiträge zur Förderung von Nachhaltigkeit herausgestellt und anschließend relevante Probleme analysiert. In der Schlussbetrachtung erfolgt schließlich die Darlegung der wesentlichen Ergebnisse der Arbeit sowie ein kurzer Zukunftsausblick.

---

[1] Vgl. Gruden 2008, S. 8.
[2] Vgl. Hütter 2013, S. 52.
[3] Vgl. KBA 2013, Tabelle (Teil1), Spalte 1.
[4] Vgl. Wüste 2010, S. 4.
[5] Vgl. Dulle 2002, S. 19-20; Seebach 1998, S. 3.
[6] Vgl. Martens 2011, S. 252.
[7] Vgl. Dulle 2002, S. 19-20.
[8] Vgl. Seebach 1998, S. 3.
[9] Diese Vorgaben werden hier synonym als Compliance-Anforderungen bezeichnet.
[10] Vgl. Stelzer 2006, S. 8; Seebach 1998, S. 3.

# 2 Grundlagen der AltfahrzeugV

## 2.1 Einordnung in die Systematik der Umweltpolitik

Jedes Jahr fallen durch Altfahrzeuge Millionen Tonnen an Werk- und Abfallstoffen an, worunter sich auch viele Gefahren- und Schadstoffe befinden.[11] Dabei weisen insbesondere die Betriebsflüssigkeiten der Automobile, wie bspw. Batteriesäure oder Altöle, bei unrechtmäßiger Entsorgung besonderes Schädigungspotential für die Natur auf.[12] Das Resultat ist die Entstehung von Umweltproblemen, die mit den ökologischen Bedürfnissen von Mensch und Natur unvereinbar sind.[13] Einerseits vergrößern sich die anfallenden Müllmengen, wodurch die Selbstreinigungsfähigkeit der Natur überstiegen wird.[14] Andererseits werden Schadstoffe in die Umwelt eingebracht, die nicht auf natürlichem Wege umgewandelt werden können.[15] Eine Konsequenz davon sind wachsende Gefahren für die menschliche Existenz und Gesundheit.[16] Es kommt zum Marktversagen durch die Fehlallokation natürlicher Leistungen, für deren Korrektur der Einsatz umweltpolitischer Instrumente notwendig wird.[17] Zum Instrumentarium der Umweltpolitik zählt nach *Pätzold und Mussel*:[18]

- das Ordnungsrecht,
- marktorientierte Instrumente und
- weitere alternative Instrumente.

Gliedert man die AltfahrzeugV in diesen Rahmen ein, zählt sie zum Ordnungsrecht, da der Staat durch Ge- und Verbote bzw. durch eine Auflagenpolitik die Steuerung von Wirtschaftssubjekten realisiert.[19]

## 2.2 Historische Entwicklung

In Deutschland gab es Langezeit keine expliziten Einzelregelungen für die Entsorgung von Automobilen, sodass Fahrzeuge zunächst dem allgemeinen Abfallrecht unterlagen.[20] Im 20. Jahrhundert wurde der Umgang mit Abfällen langjährig dezentral geregelt, bis 1972 mit dem

---

[11] Vgl. Dulle 2001, S. 19.
[12] Vgl. Dulle 2001, S. 20.
[13] Vgl. Seebach 1996, S. 1.
[14] Vgl. Zabel 2002, S. 109; Zabel 2001, S. 36, 78.
[15] Vgl. Zabel 2002, S. 109; Zabel 2001, S. 36, 78.
[16] Vgl. UBA 2012; Zabel 2001, S. 84-86.
[17] Vgl. Pätzold / Mussel 1996, S. 50.
[18] Vgl. Pätzold / Mussel 1996, S. 50.
[19] Vgl. Stelzer 2006, S. 45; Pätzold / Mussel 1996, S. 56.
[20] Vgl. Neumann 1980, S. 129-130.

Abfallbeseitigungsgesetz erste einheitliche Vorschriften für die Bundesrepublik erlassen wurden.[21] Wie der Name des Gesetzes bereits verlauten lässt, lag der Fokus hierbei vor allem auf der Regelung der Abfallbeseitigung.[22] Nach einer Novellierung wurde mit dem Abfallgesetz von 1986 der Blickwinkel zur Vermeidung und Verwertung hin ausgedehnt.[23]

1996 trat das Kreislaufwirtschafts- und Abfallgesetz (KrW-/AbfG) in Kraft und ersetzte das Abfallgesetz von 1986.[24] Es sorgte für einen Paradigmenwechsel im Abfallrecht, der im Wesentlichen auf der Fokussierung der Kreislaufwirtschaft, der Vorgabe einer Zielhierarchie[25] sowie der generellen Verfolgung einer hohen Umweltverträglichkeit basierte.[26] Für die historische Entwicklung der AltfahrzeugV spielte jedoch insbesondere die im KrW-/AbfG verankerte Produktverantwortung eine Rolle, da diese gemäß §22 Abs. 4 KrW-/AbfG nicht abschließend geregelt war und durch die Gesetzgebung weiterführend konkretisiert werden konnte.[27] Zunächst entstand daraufhin 1998 die Altauto-Verordnung (AltautoV), die eine Verwertung von Altfahrzeugen im Sinne des KrW-/AbfG auf Basis von Selbstverpflichtung zum Ziel hatte.[28] Die Automobilindustrie sowie eine Vielzahl von Wirtschaftszweigen und Verbänden trugen der Verordnung durch die Bildung der Arbeitsgemeinschaft (ARGE) Altauto Rechnung, in der stetig an Verbesserungen zur Entsorgung von Altfahrzeugen gearbeitet wurde.[29]

Im Gleichlauf mit der Auflösung der ARGE Altauto im Jahr 2002 wurde die fakultative AltautoV in die obligatorische AltfahrzeugV umgewandelt.[30] Da das KrW-/AbfG 2012 durch das neuere Kreislaufwirtschaftsgesetz (KrWG) abgelöst wurde, stellt die AltfahrzeugV nunmehr eine Konkretisierung der Produktverantwortung gemäß §23 Abs. 4 KrWG dar.[31] Sie genügt zugleich den Anforderungen der im Jahr 2000 von der Europäischen Kommission erlassenen Richtlinie 2000/53/EG, die Regelungen zum Umgang mit Altfahrzeugen auf europäischer Ebene enthält.[32]

---

[21] Vgl. Engels 1999, S. 33.
[22] Vgl. Kranert / Cord-Landwehr 2010, S. 12.
[23] Vgl. Fischer 2001, S. 28.
[24] Vgl. Stelzer 2006, S. 7.
[25] Erst Vermeidung dann Verwertung dann Beseitigung. Vgl. Wallau 2001, S. 26.
[26] Vgl. Wallau 2001, S. 26.
[27] Vgl. Stelzer 2006, S.7-8; §22 Abs. 4 KrW-/AbfG.
[28] Vgl. Rogall 2002, S. 289; Fischer 2001, S. 531.
[29] Vgl. Stelzer 2006, S. 8; Fischer 2001, S. 531.
[30] Vgl. Stelzer 2006, S. 8-10.
[31] Vgl. Schink / Vesteyl 2012, S. 575, 581; §23 Abs. 4 KrWG.
[32] Vgl. Wötzel 2007, S. 22; Gärtner 2002, S. 41.

# 3 Compliance-Anforderungen der AltfahrzeugV

## 3.1 Anwendungsbereich

Im Vorlauf der Darstellung der Compliance-Anforderungen der AltfahrzeugV ist deren Anwendungsbereich gemäß § 1 zu klären. So unterliegen ihr sowohl Fahrzeuge als auch Altfahrzeuge inklusive zugehöriger Materialien und Bauteile.[33] „Fahrzeuge" im Sinne der AltfahrzeugV werden nochmals unterteilt in:[34]

- Klasse M1: Fahrzeuge zur Beförderung von Personen mit maximal 8 Sitzplätzen (exklusive Fahrersitz),
- Klasse N1: Fahrzeuge zur Güterbeförderung mit einem maximalen Gesamtgewicht von 3,5 Tonnen sowie
- Kraftfahrzeuge mit 3 Rädern (gemäß Richtlinie 2002/24/EG), die keine dreirädrigen Krafträder sind.

Als „Altfahrzeuge" im Sinne der AltfahrzeugV gelten hingegen all diejenigen Fahrzeuge, die gemäß §3 Abs. 1 des KrWG als Abfall eingestuft werden.[35]

## 3.2 Rücknahme- und Überlassungspflichten

In §3 der AltfahrzeugV wird die **Rücknahmepflicht** für Fahrzeughersteller und -importeure geregelt.[36] Diese sind gegenüber dem Letzthalter zur kostenfreien Rücknahme der Fahrzeuge ihrer Marke verpflichtet.[37] Seit dem 1. Januar 2007 greift die Regelung auch für Fahrzeuge, die bereits vor dem 1. Juli 2002 in den Verkehr gebracht wurden.[38] Unter bestimmten Voraussetzungen kann die Verpflichtung jedoch nichtig werden.[39] So kann die Rücknahme immer dann verwehrt werden, wenn wesentliche Fahrzeugteile oder -komponenten fehlen, das Fahrzeug mit irregulären Abfällen versehen ist, es nicht in der Europäischen Union zugelassen ist oder die letzte innereuropäische Zulassung vor der Außerbetriebnahme weniger als einen Monat betrug.[40]

---

[33] Vgl. §1 Abs. 1 Satz 1 AltfahrzeugV; BMU 2010.
[34] Vgl. BMU 2010; §2 Abs. 1 Nr. 1 AltfahrzeugV.
[35] Vgl. §2 Abs. 1 Nr. 2 AltfahrzeugV; §3 Abs. 1 KrWG.
[36] Vgl. Piehl / Süselbeck 2011, S. 58.
[37] Vgl. §3 Abs. 1 S. 1 AltfahrzeugV.
[38] Vgl. BMU 2010.
[39] Vgl. §3 Abs. 4 AltfahrzeugV.
[40] Vgl. Stelzer 2006, S. 11; §3 Abs. 4 AltfahrzeugV.

Die Rücknahmepflicht schließt zudem die Einrichtung eines flächendeckenden Netzes von anerkannten Rückgabemöglichkeiten ein.[41] Flächendeckung gilt in diesem Kontext als gegeben, wenn die maximale Distanz zwischen Wohnsitz des Letzthalters und der nächsten Rückgabegelegenheit höchstens 50 Kilometer beträgt.[42] Den Fahrzeughaltern sind ausreichende Informationen über die örtliche Verteilung der Rücknahmestellen zur Verfügung zu stellen,[43] wie beispielsweise auf den Internetseiten der *Gemeinsamen Stelle Altfahrzeuge* (GESA).[44] Bei einer Fahrzeugrückgabe gilt es darüber hinaus die **Überlassungspflichten** gemäß §4 der AltfahrzeugV zu beachten.[45] Sie besagen, dass Fahrzeuge entweder bei anerkannten Betrieben für die Vorbehandlung der Verwertung (Demontagebetriebe) oder direkt bei anerkannten Anlagen zur Zerkleinerung und Zertrümmerung (Schredderanlagen) abgegeben werden können.[46] Darüber hinaus ist es ebenfalls zulässig, Altfahrzeuge bei anerkannten Annahme- oder Rücknahmestellen abzugeben, die selbst zwar keine Behandlungen durchführen,[47] aber die Automobile entgegennehmen und an einen Demontagebetrieb weiterleiten.[48]

Den Fahrzeughaltern wird die rechtmäßige Entsorgung des Altfahrzeugs durch einen Verwertungsnachweis bescheinigt, wodurch die offizielle Abmeldung erst ermöglicht wird.[49]

Die Anerkennung der Betriebe, Stellen und Anlagen erfolgt durch einen öffentlich bestellten Sachverständigen gemäß §6 AltfahrzeugV.[50] Dieser bescheinigt den Einrichtungen die Einhaltung der jeweiligen Anforderungen[51] für einen Zeitraum von 18 Monaten.[52] Wird eine bestehende Bescheinigung entzogen, nicht verlängert oder liegt gar keine Bescheinigung vor, gilt die Einrichtung als nicht anerkannt im Sinne der AltfahrzeugV und darf entsprechende Tätigkeiten nicht ausführen.[53] Damit wird eine hohe Güte der Fahrzeugentsorgung sichergestellt.[54]

---

[41] Vgl. Piehl / Süselbeck 2011, S. 57-58, Becker / Grebe / Kirbach 2009, S. 42.
[42] Vgl. §3 Abs. 3 Satz 3 AltfahrzeugV.
[43] Vgl. §3 Abs. 5 AltfahrzeugV.
[44] Vgl. GESA o.A.; BMU 2010.
[45] Vgl. Piehl / Süselbeck 2011, S. 58.
[46] Vgl. §4 Abs. 1. AltfahrzeugV; §2 Abs. 1 Nr. 16, 18 AltfahrzeugV.
[47] Vgl. GESA o.A.; BMU 2010.
[48] Vgl. §4 Abs. 3 AltfahrzeugV.
[49] Vgl. Herrmann 2010, S. 380; §4 Abs. 2 Satz 1 AltfahrzeugV.
[50] Vgl. Gärtner 2002, S. 21; §5 Abs. 3 Satz 1 AltfahrzeugV.
[51] Bspw. Vorgaben über Platzgestaltung oder Ausrüstung. Vgl. Anhang Nr. 2.2 AltfahrzeugV.
[52] Vgl. Gärtner 2002, S. 21; §5 Abs. 3 Satz 2-3 AltfahrzeugV.
[53] Vgl. Stelzer 2006, S. 11; §5 Abs. 3 Satz 4 AltfahrzeugV;
[54] Vgl. BMU 2010.

## 3.3 Entsorgungspflichten und Abfallvermeidung

Der deutsche Gesetzgeber hat in §5 der AltfahrzeugV **Entsorgungspflichten** in Form von Zielvorgaben festgeschrieben.[55] Seit 2006 müssen alle Einrichtungen und Anlagen, die Altfahrzeuge annehmen, behandeln oder entsorgen, mindestens (min.) 85% der jährlichen Gesamtzahl überlassener Altfahrzeuge (jeweils bezogen auf das durchschnittliche Fahrzeugleergewicht) wiederverwenden und verwerten sowie min. 80% wiederverwenden und stofflich verwerten (Recycling).[56] Diese Quoten werden spätestens ab dem Jahr 2015 auf 95% bzw. 85% erhöht.[57] Tabelle 1 verdeutlicht die Zielvorgaben des §5 durch die beispielhafte Darstellung der anteiligen Masse eines Durchschnittsfahrzeuges. Die zugrundeliegenden Berechnungen können mit Hilfe der Darstellung in *Anlage 1* nachvollzogen werden.

**Tabelle 1:** Zielvorgaben gemäß §5 AltfahrzeugV und Anwendung am Beispiel

| | Beispiel: Durchschnittsfahrzeug (Gesamtmasse von 1389,00 kg)[58] | Quoten | Anteilige Masse |
|---|---|---|---|
| **Seit 2006** | Wiederverwendung und Verwertung | min. 85 % | min. 1180,65 kg |
| | Wiederverwendung und Recycling | min. 80 % | min. 1111,20 kg |
| **Ab 2015** | Wiederverwendung und Verwertung | min. 95 % | min. 1319,55 kg |
| | Wiederverwendung und Recycling | min. 85 % | min. 1180,65 kg |

*Quelle: Darstellung in Anlehnung an Hermann 2010, S. 381; Stelzer 2006, S. 13.*

Darüber hinaus besteht seit 2006 die Verpflichtung, dass Demontagebetriebe min. 10 Gewichtsprozent der entnommenen Werkstoffe und Betriebsflüssigkeiten wiederverwenden oder stofflich verwerten und Schredderanlagen min. 5% der anfallenden Nicht-Metalle verwerten (ab 2015: min. 5% stoffliche Verwertung und min. 10% Verwertung für Schredderanlagen).[59] Nach §8 AltfahrzeugV bestehen zudem besondere Anforderungen an die **Abfallvermeidung**.[60] Von Fahrzeugherstellern wird gefordert, dass bereits ab dem Zeitpunkt der Fahrzeugentwicklung der verstärkte Einsatz von Recyclingmaßnahmen sowie die Wiederverwendung von Fahrzeugteilen zu forcieren ist, um die anfallenden Abfallmengen bei der Konstruktion,

---

[55] Vgl. Becker / Grebe / Kirbach 2009, S. 42; §5 Abs. 1 AltfahrzeugV.
[56] Vgl. Hermann 2010, S. 381; §5 Abs. 1 Nr. 1, 2 AltfahrzeugV.
[57] Vgl. Hermann 2010, S. 381; §5 Abs. 1 Nr. 1, 2 AltfahrzeugV.
[58] Vgl. ICCT (2012), S. 26.
[59] Vgl. Becker / Grebe / Kirbach 2009, S. 42; Anhang 3.2.4.1, Anhang 4.1.2 AltfahrzeugV.
[60] Vgl. §8 Abs. 1-2 AltfahrzeugV.

Herstellung und Demontage von Fahrzeugen so weit wie möglich zu begrenzen.[61] Darüber hinaus wird angemerkt, dass auch der Einsatz von Gefahrenstoffen bereits ab der Konzeptentwicklung weitestgehend zu vermeiden ist.[62] Besonders hervorzuheben ist das seit dem 01.07.2003 bestehende Verbot, Fahrzeuge neu in den Verkehr zu bringen, die sechswertiges Chrom, Blei, Kadmium oder Quecksilber enthalten.[63]

### 3.4 Mitteilungs-, Kennzeichnungs- und Informationspflichten

Fahrzeughersteller unterliegen gemäß §9 und §10 der AltfahrzeugV einer Reihe von **Kennzeichnungs- und Informationspflichen**.[64] Infolgedessen müssen sie Anlagenbetreibern, Verwertungsbetrieben und potentiellen Fahrzeugkäufern einerseits Informationen über die Verwertungs- und Recyclingfähigkeit von Fahrzeugbestandteilen preisgeben und andererseits Daten zur umweltverträglichen Entsorgung von Altfahrzeugen zur Verfügung stellen.[65] Gegenüber Demontagebetrieben besteht die Verpflichtung, ausreichende Informationen zur Demontage der einzelnen Fahrzeugtypen zu liefern und insbesondere Hinweise auf enthaltene Gefahrenstoffe zu geben.[66] Darüber hinaus sind von den Fahrzeugherstellern bestehende Kennzeichnungsnormen für Fahrzeugteile und Werkstoffe einzuhalten.[67] Damit wird die Identifikation von wiederverwendbaren oder verwertbaren Bestandteilen ermöglicht und Recycling gefördert.[68]

Für anerkannte Annahme- und Rücknahmestellen, Demontagebetriebe und Schredderanlagen bestehen **Mitteilungspflichten** gemäß §7 AltfahrzeugV.[69] Betreiber derartiger Einrichtungen müssen der jeweils zuständigen Behörde eine Anerkennungsbescheinigung oder ein Überwachungszertifikat inklusive eines Prüfberichtes mitteilen.[70] Eine Liste von allen anerkannten Betrieben wird von den Ländern zur Verfügung gestellt.[71]

Die Ausführungen dieses Kapitels zu den Inhalten der AltfahrzeugV sowie zu den sich daraus ergebenden Ge- und Verboten sind in der Abbildung „Compliance-Anforderungen aus der AltfahrzeugV" in *Anlage 2* nochmals zusammenfassend dargestellt.

---

[61] Vgl. §8 Abs. 1. Nr. 2-3 AltfahrzeugV.
[62] Vgl. §8 Abs. 1. Nr. 1 AltfahrzeugV.
[63] Vgl. BMU 2010; Becker / Grebe / Kirbach 2009, S. 43.
[64] Vgl. Stelzer 2006, S. 13; Gärtner 2002 , S. 6.
[65] Vgl. §10 Abs. 1 Nr. 1-4., Abs. 2.
[66] Vgl. Gärtner 2002 , S. 6; §9 Abs. 2 Satz 1 AltfahrzeugV.
[67] Vgl. Gärtner 2002 , S. 6; §9 Abs. 1 AltfahrzeugV; Art. 8 Abs. 2 der Richtlinie 2000/53/EG.
[68] Vgl. §9 Abs. 1 AltfahrzeugV.
[69] Vgl. Gärtner 2002, S. 22; §7 Abs. 1-3 AltfahrzeugV.
[70] Vgl. Gärtner 2002, S. 22; §7 Abs. 1 Satz 1 AltfahrzeugV.
[71] Vgl. §7 Abs. 2a Satz 5 AltfahrzeugV.

# 4 Kritische Reflexion im Fokus der Nachhaltigkeit

## 4.1 Beitrag zur Nachhaltigkeit

In Kapitel 2.1 wurde aufgezeigt, dass die zunehmende Menge an Altfahrzeugen zu Umweltproblemen führt. Als Lösungsprinzip für derartige Problemstellungen gilt das Konzept der
Nachhaltigkeit.[72] Es beinhaltet im Wesentlichen zwei Aspekte: Einerseits die Berücksichtigung von Bedürfnissen sowohl gegenwärtiger als auch zukünftiger Generationen und andererseits die gleichzeitige Verfolgung ökonomischer, ökologischer und sozialer Ziele.[73] Nun stellt
sich jedoch die Frage, inwiefern die AltfahrzeugV als umweltpolitisches Instrument und die
daraus erwachsenden Compliance-Anforderungen hierzu einen Beitrag leisten können.[74] Zunächst soll dafür der Fokus auf die bereits in Kapitel 2.2 angesprochene **Produktverantwortung** gelenkt werden. Denn diese sieht vor, dass der Hersteller eines Produktes für die
Entsorgung und Verwertung verantwortlich gemacht bzw. zur Rücknahme verpflichtet wird.[75]
In der AltfahrzeugV wurde diesem Aspekt insbesondere durch die Rücknahmeverpflichtung
von §3 Rechnung getragen.[76] Da die legale Entsorgung nunmehr kostenfrei erfolgen kann,
sinkt für den Endverbraucher der ökonomische Anreiz, sich unrechtmäßig seines Fahrzeuges
zu entledigen und somit die Natur zu verschmutzen.[77]

Einen besonderen Stellenwert nimmt das in §5 AltfahrzeugV geregelte Recycling ein.[78] Denn
durch die Vorgabe von Quoten zur Wiederverwendung und Verwertung von Werkstoffen
können Stoffkreisläufe im Sinne der **Kreislaufwirtschaft** geschaffen werden,[79] die eine Er-
fordernis zur Realisation von Nachhaltigkeit sind.[80] Somit werden einerseits Ressourcenver-
brauch und Müllaufkommen begrenzt, andererseits wird die Regenerationsfähigkeit
natürlicher Kreisläufe berücksichtigt und gestützt.[81] Verbleiben Altmaterialien durch Recycling nunmehr im Wirtschaftskreislauf und können diese als Inputfaktoren für neue Produkte
genutzt werden,[82] besteht das Potential zur Realisation ökonomischer Einsparungen.[83] Dafür

---

[72] Vgl. Stelzer 2006, S. 27.
[73] Vgl. Gehne 2011, S. 73, 183; Zabel 2001, S. 95.
[74] Vgl. Stelzer 2006, S. 199.
[75] Vgl. Pieper 2001, S. 3; Schloske / Thieme 2009, S. 151.
[76] Vgl. §3 Abs. 1 Satz 1 AltfahrzeugV.
[77] Vgl. Dulle 2002, S. 19-21, 23; Pieper 2001, S. 3; Stelzer 2006, S. 202.
[78] Vgl. Stelzer 2006, S. 204, 209, 215.
[79] Vgl. Stelzer 2006, S. 215.
[80] Vgl. Zabel 2002, S. 109.
[81] Vgl. Gruden 2008, S. 6; Stelzer 2006, S. 215-216; Zabel 2002, S. 109.
[82] Vgl. Stelzer 2006, S. 205.
[83] Vgl. Kaluza / Blecker 1998, S. 276.

müssen jedoch 2 Punkte berücksichtigt werden: 1. Die Kosten für die Aufbereitung und Aufarbeitung der Altfahrzeugteile bzw. -materialien darf nicht höher sein, als der Preis von neuen Inputfaktoren.[84] 2. Die Qualität der Recyclate darf nicht geringer sein, als die von neuen Materialien und Bauteilen.[85] Am Beispiel der *Continental AG* zeigt sich die praktische Relevanz dieses ökonomischen Aspektes:[86] Der Automobilhersteller entwickelte gemeinsam mit der *SGL Carbon SE* eine Bremsscheibe aus Keramik, die kaum verschleißt und deshalb mehrfach verwendet werden kann.[87]

Das in §8 geregelte Schadstoffverbot hat im Blickwinkel der Nachhaltigkeit mehrere positive Wirkungen.[88] Einerseits wird verhindert, dass Fahrzeug-Abfälle bestimmte Gefahren- und Problemstoffe enthalten, zu deren Abbau die Natur nur begrenzt oder gar nicht fähig ist.[89] Zum anderen soll erreicht werden, dass der menschliche Organismus mit diesen Stoffen möglichst nicht in Kontakt kommt und somit keine Gesundheitsgefährdungen davon trägt.[90] Schadstoffverbote sind darüber hinaus auch ökonomisch lohnenswert, denn durch die geringere Menge von Schwermetallen in Fahrzeugen reduziert sich bspw. auch die Anzahl an Bodenverseuchungen, wodurch weniger Sanierungsmaßnahmen notwendig werden (Kostenvermeidung).[91]

Die AltfahrzeugV hat zudem einen positiven Einfluss auf die gesamtwirtschaftliche Entwicklung, weil durch deren Umsetzung neue Geschäftsbereiche entstanden sind bzw. noch entstehen und damit einhergehend Arbeitsplätze geschaffen werden.[92] Die neuen Arbeitsfelder liegen in Bereichen wie der nachhaltigen Fahrzeugkonstruktion und -verwertung sowie der Beratung bezüglich der Anwendung und Einhaltung der AltfahrzeugV.[93] Darüber hinaus Investieren Fahrzeughersteller intensiv in Forschung und Entwicklung, wie sich am obigen Beispiel der *Continental AG* zeigt.[94] Neue Technologien sollen es ermöglichen, den Anteil an recyclebaren Materialien und Bauteilen weiter zu erhöhen[95] und damit den stetig wachsenden

---

[84] Vgl. Schmid 2009, S. 17; Kaluza 2005, S. 95.
[85] Vgl. Kaluza / Blecker 1998, S. 276.
[86] Vgl. Beer 2001, S. 38-39.
[87] Vgl. Beer 2001, S. 38-39.
[88] Vgl. Stelzer 2006, S. 215-216.
[89] Vgl. UBA 2012; Stelzer 2006, S. 206.
[90] Vgl. UBA 2012.
[91] Vgl. UBA 2012; Gillmann u.a. 2001, S. J-101.
[92] Vgl. Osterloh 2012, S. 29.
[93] Vgl. Stelzer 2006, S. 219; Osterloh 2012, S. 29.
[94] Vgl. Beer 2001, S. 38-39.
[95] Vgl. Gruden 2008, S. 6.

gesetzlichen Anforderungen, wie bspw. der Anstieg der Wiederverwendungs- und Verwertungsquoten ab 2015, genügen zu können.[96]

In Summe wird durch Recycling und Schadstoffverbote der langfristige Erhalt der natürlichen Lebensbedingungen und der Ressourcenbasis gefördert, die das Fundament jeglicher wirtschaftlicher Aktivitäten darstellen.[97] Damit wird ein Beitrag geleistet, das Leben und Wirtschaften auch für zukünftige Generationen zu erhalten.[98]

Schließlich fördert die AltfahrzeugV, bspw. durch die Mitteilungs-, Informations- und Kennzeichnungspflichten,[99] auch den Abbau sozialer Knappheiten, indem sie einen Beitrag zur Erzeugung von Folgewirkungswissen, Informationszufriedenheit und Zukunftsglaube leistet.[100]

**4.2 Relevante Problemfelder**

Im Gegensatz zu den unter Punkt 4.1. dargestellten positiven Aspekten, führen die Compliance-Anforderungen der AltfahrzeugV in bestimmten Bereichen auch zu negativen Konsequenzen.[101]

Durch das Konzept der Produktverantwortung und die Einführung der Verpflichtung zur kostenlosen Rücknahme von Altfahrzeugen entstehen Wettbewerbsnachteile für Automobilhersteller in Deutschland.[102] Die in der Richtlinie 2000/53/EG vorgesehene Beteiligung von Fahrzeughaltern an den Kosten der Entsorgung wurde bisher nicht in die AltfahrzeugV integriert.[103] Hingegen gilt der Verstoß gegen die Rücknahmeverpflichtung nach §11 AltfahrzeugV inzwischen als Ordnungswidrigkeit und wird mit Bußgeldern bestraft.[104] Im Vergleich zu europäischen Staaten, in denen eine Kostenbeteiligung der Letzthalter vorgesehen ist, wie bspw. in Norwegen oder den Niederlanden,[105] haben Hersteller mit dem Hauptabsatz in Deutschland spürbare Wettbewerbsnachteile.[106] Dieses Lastenungleichgewicht muss durch Preisaufschläge bei Neufahrzeugen gegenfinanziert werden.[107]

---

[96] Vgl. Hermann 2010, S. 381; §5 Abs. 1 Nr. 1, 2. AltfahrzeugV.
[97] Vgl. Stelzer 2006, S. 225; Zabel 2001, S. 80.
[98] Vgl. Stelzer 2006, S. 225.
[99] Vgl. §7 Abs. 1-3, §9 Abs. 1-3, §10 Abs. 1-2 AltfahrzeugV.
[100] Vgl. Zabel 2001, S. 33-34.
[101] Vgl. Lippl, 2005, S. 33; Knorn 2005, S. 3; Stelzer 2006, S. 216, 221.
[102] Vgl. Pieper 2001, S. 4.
[103] Vgl. §3 Abs. 1-7 AltfahrzeugV; Art. 5 Abs. 4 Richtlinie 2000/53/EG.
[104] Vgl. Gärtner 2002, S. 11; §11 Abs. 1 Nr. 1, 2 AltfahrzeugV.
[105] Vgl. Brockmann / Deimann / Wallau 2000, S. 4-5.
[106] Vgl. Stelzer 2006, S. 221.
[107] Vgl. Pieper 2001, S. 16.

Bei der Analyse ökologischer Aspekte zeigt sich, dass die AltfahrzeugV nicht den gesamten Produktlebenszyklus eines Fahrzeuges berücksichtigt.[108] Betrachtet man die Umweltwirkungen über die gesamte Lebensdauer, so zeigt sich, dass der Großteil des Energieverbrauchs und damit auch der Naturbelastung während des Fahrbetriebs entsteht und nicht bei der Verwertung.[109] Eine Lösung, um den Energieverbrauch während der Nutzungsdauer einzuschränken, ist die Gewichtsreduzierung von Fahrzeugen.[110] *Stelzer* zeigt jedoch in seinen Ausführungen, dass ein Zielkonflikt zwischen den Verwertungsquoten der AltfahrzeugV und dem Leichtbau besteht.[111] Er führt aus, dass die für eine Gewichtsminderung verwendeten Materialien zumeist keine Metalle sind und Recycling deshalb nur bedingt möglich ist.[112] Somit sind Fahrzeughersteller dazu gezwungen auf Grund der Verpflichtung zur Einhaltung hoher Quoten auf die leichte Bauweise der Fahrzeuge zu verzichten.[113]

Aktuelle Forschungsprojekte beschäftigen sich jedoch mit der Lösung dieses Problems.[114] So entwickelt die *PE International GmbH* ein sogenanntes „Super-LIGHT-Car", das insbesondere aus wiederverwendbaren Materialien, wie speziellen wärmegeformten Stählen, Aluminium und Magnesium gefertigt wird.[115] Damit lassen sich einerseits die Umweltbelastungen beim Fahrbetrieb verringern und andererseits die Zielvorgaben der AltfahrzeugV einhalten.[116]

Ein weiteres Problem stellen Fahrzeugexporte dar, da mit jeder Ausfuhr wichtige Werkstoffe und Bauteile verloren gehen und somit stetig Recyclate aus dem deutschen Wirtschaftskreislauf extrahiert werden.[117] Darunter sind Exporte in Länder, die nicht der Richtlinie 2000/53/EG unterliegen, besonders problematisch, da dort die umweltgerechte Entsorgung von Altfahrzeugen nicht sichergestellt ist und somit ökologische Schäden entstehen können.[118]

In der Praxis werden ausgediente Pkw für den Export als Gebrauchtwagen deklariert.[119] Im Ergebnis zeigt sich, dass von den endgültig stillgelegten Fahrzeugen in Deutschland jährlich

---

[108] Vgl. Stelzer 2006, S. 210-211.
[109] Vgl. Braess / Seiffert 2011, S. 399-400; Stichling / Hasenberg 2010, S. 4.
[110] Vgl. Stichling / Hasenberg 2010, S. 3.
[111] Vgl. Stelzer 2006, S. 213.
[112] Vgl. Stelzer 2006, S. 213; Stichling / Hasenberg 2010, S. 6-7.
[113] Vgl. Stelzer 2006, S. 213.
[114] Vgl. Stichling / Hasenberg 2010, S. 4.
[115] Vgl. Stichling / Hasenberg 2010, S. 4.
[116] Vgl. Stichling / Hasenberg 2010, S. 6-7.
[117] Vgl. Martens 2011, S. 252.
[118] Vgl. Stelzer 2006, S. 210.
[119] Vgl. Martens 2011, S. 252; UBA 2010.

weniger als 20% gemäß der AltfahrzeugV verwertet werden.[120] Die Aktualität der Problematik stellt sich anhand der Zunahme der absoluten Exportzahlen deutscher Pkw in das Ausland dar.[121] Die nachfolgende Grafik verdeutlicht den Sachverhalt.[122] (Für Datengrundlage siehe *Anlage 3.*)

**Abbildung 1:** Pkw Exporte aus Deutschland von 2002 bis 2012

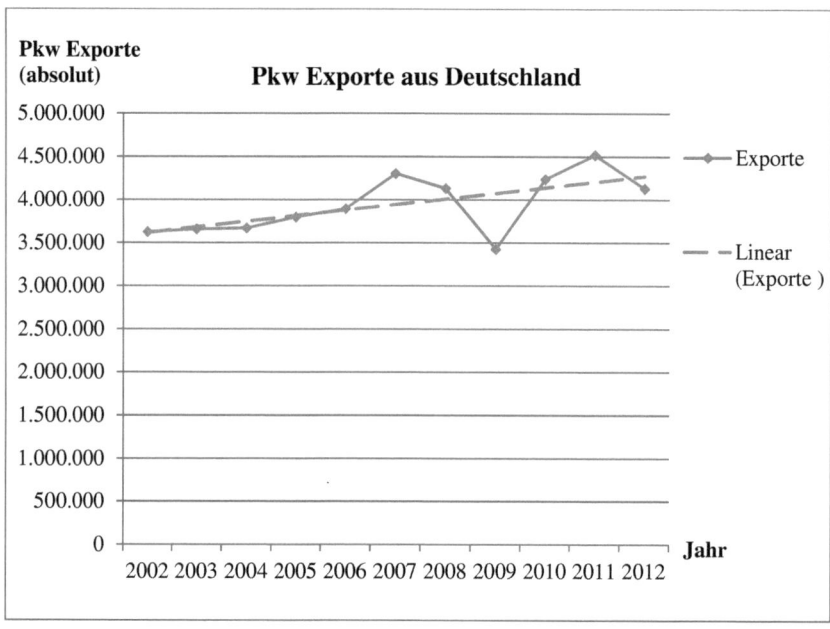

*Quelle: Eigene Abbildung.*

Die blaue Linie zeigt den Verlauf der absoluten Exportzahlen in den letzten 10 Jahren. Die Verzerrung im Jahr 2009 ist durch die Abwrackprämie zu begründen, da die deutsche Bundesregierung mit der Umweltprämie einen ökonomischen Anreiz zur inländischen Fahrzeugverwertung gesetzt hat.[123] Die rote Linie ist eine lineare Trendgerade, die insgesamt einen positiven Anstieg der Exportzahlen ausweist. In Zahlen ausgedrückt heißt das, dass im Jahr 2012 mehr als 500.000 zusätzliche Pkw im Vergleich zum Jahr 2002 exportiert wurden.[124]

---

[120] Vgl. Martens 2011, S. 252; UBA 2010.
[121] Vgl. VDA 2013, Tabelle 3.
[122] Das Liniendiagramm und die lineare Trendgerade wurden mit Microsoft Excel erstellt.
[123] Vgl. Höpfner 2009, S.1; UBA 2010.
[124] Vgl. VDA 2013, Tabelle 3.

# 5 Schlussbetrachtung

Die AltfahrzeugV ist ein ordnungsrechtliches Instrument, das geschaffen wurde, um Umwelt-probleme zu beseitigen und die Fehlallokation von Naturleistungen zu verhindern.[125] Sie steht in enger Verbindung mit dem KrWG, da sie eine Konkretisierung der darin enthaltenen Pro-duktverantwortung darstellt.[126]

Das Ziel der Arbeit war die inhaltliche Analyse und kritische Reflexion der Compliance-Anforderungen dieser Verordnung im Kontext des Nachhaltigkeitsmanagements. Dabei hat sich zeigt, dass die kostenfreie Rückgabemöglichkeit von Altfahrzeugen den Anteil rechtmä-ßig entsorgter Fahrzeuge erhöht.[127] Aus ökologischer Perspektive stellen die Recycling-Vorgaben und Schwermetallverbote jedoch den größten Vorteil dar.[128] Sie verhindern Schad-stoffbelastungen der Natur, ermöglichen die Schließung von Stoffkreisläufen und führen gleichzeitig zu ökonomischen Vorteilen.[129] Schließlich wird sogar ein Beitrag zum Abbau so-zialer Knappheiten durch die Informations- und Mitteilungspflichten erreicht.[130] Insgesamt zeigt sich damit, dass durch die Realisation ökonomischer, ökologischer und sozialer Vorteile sowie der gleichzeitigen Sicherstellung von Leben und Wirtschaften für zukünftige Generati-onen, ein Beitrag zur Nachhaltigkeit geleistet wird.[131] Vereinzelt weist die AltfahrzeugV je-doch praktische Schwächen auf: Einerseits konterkariert sie Bemühungen zum Automobil-Leichtbau durch strikte Recycling-Quoten, andererseits bestehen im internationalen Rahmen Probleme durch hohe Exportzahlen und ökonomische Wettbewerbsnachteile für Automobil-hersteller in Deutschland.[132]

Um die bestehenden Probleme zukünftig lösen zu können, gilt es insbesondere die Forschung im Bereich des Automobil-Leichtbaus weiter voranzutreiben und vor allem Praxistauglichkeit zu erreichen[133] sowie Exporte besser gesetzlich zu regulieren, bspw. durch Rückholpflichten für Katalysatoren oder strikte Exportverbote.[134]

---

[125] Vgl. Pätzold / Mussel 1996, S. 50, 56; Stelzer 2006, S. 45.
[126] Vgl. Stelzer 2006, S.7-8.
[127] Vgl. Stelzer 2006, S. 202, Dulle 2002, S. 19-21, 23; Pieper 2001, S. 3.
[128] Vgl. Stelzer 2006, S. 204, S. 215-216.
[129] Vgl. UBA 2012; Stelzer 2006, S. 206.
[130] Vgl. §7 Abs. 1-3, §9 Abs. 1-3, §10 Abs. 1-2 AltfahrzeugV; Zabel 2001, S. 33-34.
[131] Vgl. Gehne 2011, S. 73, 183; Zabel 2001, S. 95.
[132] Vgl. Martens 2011, S. 252; Stelzer 2006, S. 213; Pieper 2001, S. 4.
[133] Vgl. Stichling / Hasenberg 2010, S. 6-7.
[134] Vgl. Martens 2011, S. 252.

# Anlagen

**Anlage 1:** Berechnungen für „Tabelle 1: Zielvorgaben gemäß §5 AltfahrzeugV und Anwendung am Beispiel"

| Daten | | | |
|---|---|---|---|
| • **Durchschnittliches Fahrzeuggewicht:** | | $M$ = | $1389,00\ kg$ |
| • **Quoten:** | $80\%$ | $Q_{0,80}$ = | $0,8$ |
| | $85\%$ | $Q_{0,85}$ = | $0,85$ |
| | $95\%$ | $Q_{0,95}$ = | $0,95$ |

| Ergebnisse | | | |
|---|---|---|---|
| • **Anteilige Masse** (Quote 0,80) | $AM_{0,80}$ = | $Q_{0,80} * M$ | $= 1180,65\ kg$ |
| • **Anteilige Masse** (Quote 0,85) | $AM_{0,85}$ = | $Q_{0,85} * M$ | $= 1111,20\ kg$ |
| • **Anteilige Masse** (Quote 0,95) | $AM_{0,95}$ = | $Q_{0,95} * M$ | $= 1319,55\ kg$ |

*Quelle: Eigene Abbildung.*

**Anlage 2:** Compliance-Anforderungen aus der AltfahrzeugV

| |
|---|
| §1 Anwendungsbereich |
| §2 Begriffsbestimmungen |

| |
|---|
| **Compliance-Anforderungen gemäß AltfahrzeugV** |
| **Fahrzeughersteller** |
| §3 Rücknahmepflichten |
| §5 Entsorgungspflichten |
| §8 Abfallvermeidung |
| §9 Kennzeichnungsnormen / Demontageinformationen |
| §10 Informationspflichten |
| |
| **Altfahrzeugverwerter** |
| §4 Überlassungspflichten |
| §4 Verwertungsnachweis |
| §5 Entsorgungspflichten |
| ⇨ §6 Sachverständige (Bescheinigung der Anerkennung) |
| §7 Mitteilungspflichten |
| Anhang: allgemeine Behandlungspflichten |
| |
| **Letzthalter** |
| §4 Überlassungspflichten |

| |
|---|
| § 11 Ordnungswidrigkeiten |
| § 12 Übergangsvorschriften |

*Quelle: Darstellung in Anlehnung an Stelzer 2006, S. 230.*

**Anlage 3:** Exporte von Personenkraftwagen (1957-2012)

| Jahr | Gesamtzahl | Jahr | Gesamtzahl |
|------|-----------|------|-----------|
| 1957 | 502.214 | 1985 | 2.568.053 |
| 1958 | 630.515 | 1986 | 2.520.407 |
| 1959 | 757.703 | 1987 | 2.451.251 |
| 1960 | 865.341 | 1988 | 2.507.067 |
| 1961 | 885.655 | 1989 | 2.721.829 |
| 1962 | 986.417 | 1990 | 2.597.722 |
| 1963 | 1.217.071 | 1991 | 2.197.624 |
| 1964 | 1.377.866 | 1992 | 2.570.015 |
| 1965 | 1.419.131 | 1993 | 2.079.144 |
| 1966 | 1.533.156 | 1994 | 2.269.895 |
| 1967 | 1.362.179 | 1995 | 2.465.232 |
| 1968 | 1.786.098 | 1996 | 2.650.396 |
| 1969 | 1.903.595 | 1997 | 2.816.688 |
| 1970 | 1.946.549 | 1998 | 3.269.367 |
| 1971 | 2.146.232 | 1999 | 3.438.019 |
| 1972 | 2.027.091 | 2000 | 3.455.101 |
| 1973 | 2.173.227 | 2001 | 3.639.904 |
| 1974 | 1.706.911 | 2002 | 3.623.305 |
| 1975 | 1.475.954 | 2003 | 3.654.659 |
| 1976 | 1.836.882 | 2004 | 3.666.524 |
| 1977 | 1.393.104 | 2005 | 3.795.361 |
| 1978 | 1.904.245 | 2006 | 3.893.002 |
| 1979 | 1.997.331 | 2007 | 4.303.754 |
| 1980 | 1.873.494 | 2008 | 4.131.660 |
| 1981 | 1.949.479 | 2009 | 3.425.626 |
| 1982 | 2.194.229 | 2010 | 4.238.759 |
| 1983 | 2.188.810 | 2011 | 4.240.402 |
| 1984 | 2.232.995 | 2012 | 4.131.277 |

*Quelle: Darstellung in Anlehnung an VDA 2013.*

# Literaturverzeichnis

**Becker, Carsten / Grebe, Tim / Kirbach, Matthias (2009):** Die wirtschaftliche Bedeutung der Recycling- und Entsorgungsbranche in Deutschland: Stand, Hem-mnisse, Herausforderungen, Berlin 2009.

**Beer, W. (2001):** Produktgestaltung zur Wiederverwertung, in: VDI-Koordi-nierungsstelle Umwelttechnik (Hrsg.) (2001): Vom Auto zum Auto - die Automobilverwertung im interdisziplinären Spannungsfeld - Tagung Baden-Baden 20. und 21. November 2001 - VDI-Berichte 1623, Düsseldorf 2001, S. 23-54.

**BMU (Hrsg.) (2010):** Gesetzgebung in Deutschland: Altfahrzeug-Gesetz und -Verordnung, Stand: 07.2010.
URL: http://www.bmu.de/themen/wasser-abfall-boden/abfallwirtschaft/
abfallarten-abfallstroeme/altfahrzeuge/abfallwirtschaft-altfahrzeuge-gesetzgebung-in-d/.
*[Abrufdatum: 12.04.2013]*

**Braess, Hans-Hermann / Seiffert, Ulrich (Hrsg.) (2011):** Vieweg-Handbuch Kraftfahrzeugtechnik, 6. Auflage, Wiesbaden 2011.

**Brockmann, Karl Ludwig / Deimann, Sven / Wallau, Frank (2000):** Evaluierung von Finanzierungsmodellen zur Durchführung der kostenlosen Rückgabe von Altautos, UBA Texte 42/00, Forschungsbericht 299 31 302, Berlin 2000.

**Dulle, Silke (2002):** Die rechtliche Ausgestaltung der Produktverantwortung in der Altautoentsorgung: Das Zusammenspiel von Selbstverpflichtung und Ordnungsrecht, Bd. 7: Umweltrecht in Forschung und Praxis, Hamburg 2002.

**Engels, Thomas (1999):** Grenzüberschreitende Abfallverbringung nach EG-Recht, Bd. 49: Tübinger Schriften zum internationalen und europäischen Recht, Berlin 1999.

**Fischer, Kristian (2001):** Strategien im Kreislaufwirtschafts- und Abfallrecht - Unter besonderer Berücksichtigung der Produktverantwortung der Wirtschaft - Dargestellt an den Rechtsordnungen der Bundesrepublik Deutschland, der Europäischen Gemeinschaft und des Auslandes, Bd. 26: Mannheimer rechtswissenschaftliche Abhandlungen, Heidelberg 2001.

**Gärtner, Klaus (2002):** Die neue Altfahrzeug-Verordnung: Ein Leitfaden für Autohalter, Annahme- und Rücknahmestellen, Demontagebetriebe, Schredderanlagen, Sachverständige und Hersteller, Berlin 2002.

**Gehne, Katja (2011):** Nachhaltige Entwicklung als Rechtsprinzip: normativer Aussagegehalt, rechtstheoretische Einordnung, Funktionen im Recht, Tübingen 2011.

**GESA (Hrsg.) (o.A.):** Anerkannte Demontagebetriebe und Schredderanlagen sowie Annahme- und Rücknahmestellen, Stand: o.A.
URL: http://www.altfahrzeugstelle.de/index.php?sp=de&id=60.
*[Abrufdatum: 27.04.2013]*

**Gillmann, P. / Heimhard, H.-J. / Jessberger, H.L. / Klein, J. / Beckefeld, P. (2002):** Dekontamination, in: Görner, Klaus / Hübner, Kurt (Hrsg.) (2002): Abfallwirtschaft und Bodenschutz, Berlin u.a. 2002, S. J-63-J-106.

**Gruden, Dušan (2008):** Umweltschutz in der Automobilindustrie: Motor, Kraftstoffe, Recycling, Wiesbaden 2008.

**Hermann, Christoph (2010):** Ganzheitliches Life Cycle Management: Nachhaltigkeit und Lebenszyklusorientierung in Unternehmen, Berlin – Heidelberg 2010.

**Höpfner, Ulrich (2009):** Abwrackprämie und Umwelt - eine erste Bilanz, Heidelberg 2009.

**ICCT (Hrsg.) (2012):** European Vehicle Market Statistics - Pocketbook 2012, Berlin 2012.

**Kaluza, Bernd (2005):** Effektivität und Effizienz im Umweltmanagement, in: Verein für Ökologie und Umweltforschung (Hrsg.) (2005): Mensch und Wirtschaft: Effizienz und Effektivität in der Ressourcenbereitstellung. Umwelt: Schriftenreihe für Ökologie und Ethnologie 31, Wien 2005, S. 88-108.

**Kaluza, Bernd / Blecker, Thorsten (1998):** Entsorgungsnetzwerke als Instrument des betrieblichen Umweltmanagements, in: Kaluza, Bernd (Hrsg.) (1998): Kreislaufwirtschaft und Umweltmanagement, Bd. 17: Duisburger Betriebswirtschaftliche Schriften, Hamburg 1998, S. 264-301.

**Knorn, Christian (2005):** Begrüßung und Einführung, in: Bayrisches Landesamt für Umwelt (Hrsg.) (2005): Demontage und Verwertung von Altfahrzeugen – Fachtagung am 17. Oktober 2005, Augsburg 2005, S. 31-39.

**KBA (Hrsg.) (2013):** Bestand - Bestandsbarometer am 1. Januar 2013, Tabelle (Teil 1), Stand: 01.01.2013.
URL: http://www.kba.de/nn_125398/DE/Statistik/Fahrzeuge/Bestand/2013__b__
bestandsbarometer__teil1__absolut.html.
*[Abrufdatum: 12.04.2013]*

**Kranert, Martin / Cord-Landwehr, Klaus (Hrsg.) (2010):** Einführung in die Abfallwirtschaft, 4. Auflage, Wiesbaden 2010.

**Lippl, Andreas (2005):** Praxis der Altfahrzeugdemontage: Altautodemontage – Problembereiche in der Praxis, in: Bayrisches Landesamt für Umwelt (Hrsg.) (2005): Demontage und Verwertung von Altfahrzeugen – Fachtagung am 17. Oktober 2005, Augsburg 2005, S. 31-39.

**Martens, Hans (2011):** Recyclingtechnik – Fachbuch für Lehre und Praxis, Heidelberg 2011.

**Neumann, Rainer (1980):** Ökologie und Verkehr: praktische Bedeutung und theoretische Einordnung verkehrsinduzierter Umweltschäden, in: Voigt, Fritz (Hrsg.) (1980): Schriftenreihe des Instituts für Industrie- und Verkehrspolitik der Universität Bonn, Bd. 40, Berlin 1980.

23

**Osterloh, Bernd (2012):** Neue Trends in der Betriebsratsarbeit. Die Zukunftsstrategie des Gesamt- und Konzernbetriebsrats der Volkswagen AG, in: Neubauer, Werner / Rudow, Bernd (Hrsg.) (2012): Trends in der Automobilindustrie: Entwicklungstendenzen – Betriebsratsarbeit – Steuer- und Fördertechnik – Gießereitechnik – Informationstechnologie – Informations- und Assistenzsysteme, Mün-chen 2012, S. 15-33.

**Pätzold, Jürgen / Mussel, Gerhard (1996):** Umweltpolitik, Sternenfels – Berlin 1996.

**Pieper, H. (2001):** Produktverantwortung und politische Rahmenbedingungen, in: VDI-Koordinierungsstelle Umwelttechnik (Hrsg.) (2001): Vom Auto zum Auto - die Automobilverwertung im interdisziplinären Spannungsfeld - Tagung Baden-Baden 20. und 21. November 2001 - VDI-Berichte 1623, Düsseldorf 2001, S. 1-8.

**Piehl, Thorsten / Süselbeck, Gerhard (2011):** Abfall-Entsorgungs-Trainer: Grundlagen für die Schulung, Heidelberg u.a. 2011.

**Rogall, Holger (2002):** Neue Umweltökonomie - Ökologische Ökonomie: Ökonomische und ethische Grundlagen der Nachhaltigkeit, Instrumente zu ihrer Durchsetzung, Opladen 2002.

**Schink, Alexander / Vesteyl, Andrea (Hrsg.) (2012):** KrWG: Kommentar zum Kreislaufwirtschaftsgesetz, Berlin 2012.

**Schloßke, A. / Thieme, P. (2009):** Qualität als Entscheidender Wettbewerbsfaktor, in: Bullinger, Hans-Jörg / Spath, Dieter / Warnecke, Hans-Jürgen / Westkämper, Engelbert (Hrsg.) (2009): Handbuch Unternehmensführung: Strategien, Planung, Umsetzung, 3. Auflage, Berlin – Heidelberg 2009, S. 150-153.

**Schmid, Eberhard (2009):** Koordination im Reverse Logistics: Konzepte und Verfahren für Recyclingnetzwerke, Wiesbaden 2009.

**Seebach, Andreas (1996):** Betriebswirtschaftliche Systemanalyse des Fahrzeug-Recyclings in der Bundesrepublik Deutschland – Eine System-Dynamics-Studie, in: Bea, Franz Xaver / Zahn, Erich (Hrsg.) (1996): Schriften zur Unternehmensplanung, Band 42, Frankfurt am Main u.a. 1996.

**Hütter, Andrea (2013):** Verkehr auf einen Blick, Statistisches Bundesamt, Wiesbaden 2013.

**Stelzer, Daniel (2006):** Produktverantwortung von Fahrzeugherstellern in Umsetzung der Altfahrzeug-Verordnung, Bd. 11: Schriftenreihe Öko-Management – Studien zur ökologischen Betriebsführung, Hamburg 2006.

**Stichling, Jürgen / Hasenberg, Volker (2010):** Recycling im Automobil-Leicht-bau, Leinfelden-Echterdingen 2010.

**UBA (Hrsg.) (2010):** Altfahrzeugaufkommen und -verwertung, Stand: 09.2010. URL: http://www.umweltbundesamt-daten-zur-umwelt.de/umweltdaten/public/theme.do?nodeIdent=2304.
*[Abrufdatum: 03.05.2013]*

**UBA (Hrsg.) (2012):** Critical Loads für Schwermetalle, Stand: 03.2012. URL: http://www.umweltbundesamt-daten-zur-umwelt.de/umweltdaten/public/theme.do?print=true.
*[Abrufdatum: 29.04.2013]*

**VDA (Hrsg.) (2013):** Export, Tabelle: 3. Exporte von Personenkraftwagen (1957-2011), Stand: 03.05.2013. URL: http://www.vda.de/de/zahlen/jahreszahlen/export/.
*[Abrufdatum: 04.05.2013]*

**Wallau, Frank (2001):** Kreislaufwirtschaftssystem Altauto: Eine empirische Analyse der Akteure und Märkte der Altautoverwertung in Deutschland, Wiesbaden 2001.

**Wötzel, Kirsten (2007):** Ökobilanzierung der Altfahrzeugverwertung am Fallbeispiel eines Mittelklassefahrzeuges und Entwicklung einer Allokationsmethodik, Diss. Braunschweig 2007.

**Wüste, Mareike (2010):** Innovations- und Nachhaltigkeitsstrategien in der Automobilindustrie: Der Einfluss des Marktes auf die Entwicklung alternativer Antriebe, Hamburg 2010.

**Zabel, Hans-Ulrich (2002):** Betriebliches Umweltmanagement in Forschung und Lehre, in: Zabel, Hans-Ulrich (Hrsg.) (2002): Betriebliches Umweltmanagement - nachhaltig und interdisziplinär, Bd. 46: Initiativen zum Umweltschutz, Berlin 2002, S. 95-124.

**Zabel, Hans-Ulrich (2001):** Ökologische Unternehmenspolitik im Verhaltenskontext: Verhaltensmodellierung für Sustainability, in: Simon, Jürgen / Paustian, Andrea / Lüttge, Laurent (Hrsg.) (2001): Management, Recht und Umwelt, Bd. 6, Berlin 2001.